Extrait du *Marseille Médical*

LES HONORAIRES DES MÉDECINS A MARSEILLE
AU XVIIIᵐᵉ SIÈCLE
Par le docteur ALEZAIS

Ce n'est pas d'aujourd'hui que la question des honoraires préoccupe les médecins et se pose devant les Sociétés médicales. Établir une juste proportion, je ne dis pas entre la peine du médecin et la rétribution qui lui est due, mais entre cette rétribution matérielle et la position sociale du client, l'importance et la durée du traitement, le nombre des médecins appelés et toutes les conditions qui interviennent dans la pratique médicale, ce n'est point une petite affaire, surtout si l'on veut que cette proportion suive les modifications de l'équilibre social, et la moins value toujours croissante de l'argent.

La condition qui importerait le plus au médecin serait celle qui lui assurerait d'être payé : car il ne suffit pas, malheureusement, d'édifier des tarifs d'honoraires pour en garantir le paiement. Il ne peut être question ici de cette considération par trop matérielle ; nous nous en tiendrons à la fixation toute platonique des émoluments.

Rien n'est plus difficile en pratique que ce point, et le débutant, qui a su sans hésiter tirer son malade d'un mauvais pas, tâtonne, hésite lorsque vient le moment d'établir sa note, et, finalement, deux fois sur trois, il est à côté du taux voulu, trop haut, ou quelquefois trop bas, ce qui n'est pas moins fâcheux.

L'idée de rédiger une sorte de tarif officiel, qui puisse servir de base à l'appréciation de chaque cas particulier, a été appliquée à plusieurs reprises par nos sociétés médicales modernes. Tout n'y est certainement pas prévu : même avec son tarif en portefeuille, on est bien souvent embarrassé au milieu des nuances sans nombre de la clientèle, mais enfin c'est une règle générale d'estimation, une sorte de contexte qui aide à saisir chaque cas particulier.

L'idée n'est pas nouvelle, et il m'a paru intéressant de rappeler cette page de notre histoire professionnelle locale, où nos pères du XVIIIᵐᵉ siècle, devançant notre pratique d'aujourd'hui, rédigeaient, à leur usage, un tarif d'honoraires.

Au commencement du siècle dernier, il y avait environ 10 à 12 médecins à Marseille, qui, depuis 1645, s'étaient réunis en collège.

Leur situation n'était plus celle des deux *médecins communaux* du XIVᵐᵉ siècle, qui, pour 100 florins d'or par an et souvent 50, donnés par la Commune, devaient leurs soins gratuits à tous les malades de la ville, riches ou pauvres, qui les faisaient appeler, sans compter le service des hôpitaux et les divers autres services publics qu'ils devaient assurer (1).

On manquait alors de médecins, et on avait recours tantôt aux médecins juifs qui jouissaient d'une grande vogue, tantôt aux médecins des villes voisines, auxquels on envoyait des délégués chargés d'offres exceptionnelles pour les attirer à Marseille. Ainsi, en 1375, l'histoire nous apprend qu'on offrit, au Dʳ Columbi, un logement gratuit et un engagement de 3 ans ; dix ans plus tard, à Jean Grandville d'Avignon, 25 florins d'or par an et un logement de 5 florins.

Au XVIIIᵐᵉ siècle, la situation des médecins, comme celle de la ville, s'était bien développée, et leur Collège, érigé avec l'assentiment de la municipalité, tout en se montrant le gardien jaloux de leurs privilèges, réglait avec soin l'exercice de la profession. Nous en avons une preuve dans la question des honoraires.

Le 14 janvier 1702, sur la proposition d'un de ses membres, le Dʳ Collomb, il s'occupa de cette importante question, qui « jusque-là n'avait pas été bien réglée, ce qui avait donné

---

(1) A. Fabre. Hist. des rues de Marseille. T. 2, p. 153 et Hist. des hôpit. T. 1.

lieu, les uns exigeant plus, les autres moins, à des contestations et à des procès.

« Pour les prévenir dans la suite, dit la délibération dont nous avons encore l'authentique (1), et que je transcris textuellement, il serait nécessaire qu'il y eût, à l'avenir, un règlement touchant ledit payement, lequel ne fût point onéreux au public, n'y disproportionné à la dignité du médecin. »

Nous allons voir que cette assemblée, qui était présidée par Giraudon, syndic, et à laquelle assistait, je crois, tout le collège, Collomb, Peyssonnel, Tornésy, Brémond, Clapier, Deperny, Augier, Manceau, Montagnier, Sicard, sut tenir ce qu'elle promettait.

« Le dit collège, désirant de faire cesser toute sorte de contestations et tout prétexte de procès, comme aussi afin que tous les médecins aggrégés se comportent d'une manière uniforme dans le payement de leurs honoraires, et dans les taxes qu'on ne peut éviter de faire soit en justice ou autrement, a délibéré qu'à l'avenir le prix de chaque visite sera réglé à un quart d'escu blanc, et partant que les malades qui voudront plus que d'une visite par jour les payeront toutes également.

Les consultations seront payées à l'ordinaire, c'est-à-dire à un escu blanc.

Les simples conseils pris chez les médecins, demi-escu.

Les conseils accompagnés d'une ordonnance de remèdes de long usage, un louys ou demi-louys d'or, suivant la qualité de l'ordonnance et des personnes.

Les consultations qui se feront par deux ou trois médecins, pour les étrangers : demi-louys pour chaque médecin, et le double pour celuy qui aura rédigé par écrit la consultation.

Les levées de nuit : demi-louys.

---

(1) Registre des actes de l'ancien collège de médecine et de chirurgie de la ville de Marseille, p. 214. « Délibération du dit jour (14 janvier 1702) en forme de règlement concernant les honoraires des médecins. » Ce précieux document, qui nous a été conservé par la Société de Médecine de Marseille, est actuellement à la Bibliothèque du Comité Médical des Bouches-du-Rhône, depuis la fusion des deux Sociétés.

Les visites au terroir jusqu'à une lieüe : un escu, voiture franche, au-delà d'une lieüe, le payement s'en fera à proportion.

S'il faut aller hors du territoire de la ville ou qu'on soit obligé de coucher hors de chez soi : un louys d'or et demi par jour, défrayé de tout.

Les assistances aux opérations chirurgicales seront payées suivant leur mérite.

Lorsqu'un malade voudra joindre à son médecin ordinaire un autre médecin, il sera tenu de leur payer leurs peines extraordinaires pour les conférences qu'ils auront faites journellement ; et au cas que le malade appelle un médecin étranger, l'ordinaire sera payé sur le pied de la moitié de ce qu'on aura donné à l'étranger.

Enfin, lorsque les maladies se trouveront très grandes et accompagnées de symptômes rudes, difficiles et dangereux, qui exigeront des soins extraordinaires du médecin, il sera juste qu'on y ait tel égard que de raison.

Et afin que la présente délibération tienne lieu de règlement et qu'elle soit exécutée selon sa forme et teneur, le collège a donné et donne pouvoir aux syndics d'en poursuivre l'homologation et enregistration à la Cour du Parlement. »

Telle est cette pièce qui me paraît assez précieuse pour nous faire connaître la situation sociale et morale du médecin marseillais au XVIIIme siècle. On y déclare, dès l'abord, que toute visite, au même malade, y en eût-il plusieurs dans la même journée, doit être également payée, à l'encontre des anciens statuts de Marseille, dont l'article concernant les médecins exigeait d'eux, sous serment, qu'ils soignent avec zèle leurs malades, et les visitent *au moins deux fois par jour* (1). Nous avons vu, qu'à cette époque, leurs émoluments étaient fixes et annuels. Cette prescription surannée était sans doute depuis longtemps tombée en désuétude, mais le collège tenait à fixer définitivement l'indépendance du médecin sur ce point, en consacrant la légitimité des honoraires pour toutes ses visites.

(1) A. Fabre, *Hist. des hôp.*, II, p. 344 et suiv.

L'escu blanc valait alors trois francs, et le louis 24 livres, ce qui mettait la visite à 14 sous environ, le simple conseil à 1 fr. 50 et la levée de nuit à 12 francs, sommes qui nous paraîtraient minimes, mais qu'il faut apprécier à la valeur de l'époque, et en tenant compte de la dépréciation considérable qu'a subi l'argent, pendant ces deux cents dernières années.

En comparant le tarif de 1702 aux nôtres, nous trouvons des points de contact et des différences, qu'il est bon de relever.

Nos tarifs modernes ont introduit une modification qui me paraît heureuse, et dont on est étonné de ne trouver aucune trace dans l'ancien règlement, je veux parler des catégories établies dans le prix des visites.

Le tarif du Comité médical, qui est généralement admis parmi nous, reconnaît, pour les visites de jour, les taux de 3 fr., 5 fr. et 10 fr., auxquelles correspondent, pour les visites de nuit, ceux de 20, 30 et 40 francs.

Il semble bien difficile que l'on ait pu traiter sur le même pied le noble et l'artisan, surtout à une époque où les Sociétés de secours mutuels n'avaient pas pris l'extension qu'elles ont aujourd'hui.

Nous savons bien que le bureau de la Grande Miséricorde avait organisé pour les indigents un service médical et pharmaceutique (1) mais il serait aussi intéressant de savoir si les corporations, maîtrises ou jurandes n'avaient pas avec les médecins et les apothicaires des accords qui assuraient à leurs membres, comme de nos jours, des soins médicaux et des remèdes à prix réduits.

D'autre part, nos pères observaient dans le règlement de leurs honoraires, une nuance que nous avons laissé perdre. Aujourd'hui, lorsqu'un malade vient nous consulter, que nous formulions un simple loch ou que nous lui prescrivions un traitement de longue durée, le prix demandé sera le même. Le tarif de 1702 demandait, au lieu d'un demi-escu, un louys

---

(1) Statuta Civ. Massil. Lib. II cap. XXXV. Méry et Guindon. Hist. de la Commune de Marseille. T. III, p. CXXXI.

ou demi-louys, suivant la qualité de l'ordonnance ou des personnes, aux clients qui venaient chercher auprès du médecin, non point un simple conseil mais un traitement prolongé.

Ce qu'il faut retenir encore, c'est que, contrairement à la pratique de leurs successeurs, nos pères de 1702 ne donnaient point gratuitement leurs consultations au cabinet. Je ne sais si les médecins faisaient comme les maîtres en chirurgie, des consultations gratuites pour les indigents à l'Hôtel-Dieu ou ailleurs, mais ce qui appert de notre document, c'est qu'ils faisaient payer un demi-escu les simples conseils pris chez eux. J'ignore à quelle époque cette coutume a été abandonnée, et il a fallu, il y a quelques années, une véritable révolution dans les mœurs médicales pour la remettre en honneur.

Chose singulière, cette consultation, que le client vient chercher au domicile du médecin, était cotée deux fois plus cher que la visite faite par le médecin au domicile du client.

Il n'est point question dans cet ancien règlement ni des visites faites à bord des navires, ni des autopsies ou des accouchements qui n'étaient pas du ressort des médecins.

Néanmoins, visites de nuit et visites dans la banlieue, visites consultatives, consultations composées de deux ou plusieurs médecins, intervention de médecins étrangers, consultations rédigées par écrit, tous ces détails sont prévus et témoignent d'un degré assez avancé d'intelligence professionnelle.

On pourrait peut-être même ajouter que, si certaines tendances manifestées dans cette délibération s'étaient maintenues dans le corps médical marseillais, il est possible que le cours naturel du temps eût rendu la profession médicale dans notre ville plus lucrative qu'elle ne l'est actuellement.

Pour compléter ces renseignements sur les honoraires des médecins au XVIIIe siècle, il faut ajouter qu'ils furent bientôt frappés d'une sorte de droit nécessité par les besoins financiers de la bourse commune du collège.

Le collège de médecine, dans ces temps de chicane, avait sans cesse quelque procès sur les bras, soit avec un délinquant coupable d'exercice illégal, soit avec la ville, qui, regrettant l'appui qu'elle avait autrefois prêté à sa fondation, contestait ses privilèges Les ressources étaient vite épuisées et ne se soutenaient que par des emprunts onéreux.

Le 3 novembre 1683, on avait décidé que les deux tiers des assistances des médecins aux actes des chirurgiens et apothicaires, et de tous les rapports judiciaires, passeraient à la bourse commune. Mais, quelques années plus tard, le roi ayant créé la charge de médecin conseiller, lui attribua les assistances aux actes et les rapports juridiques, dont fut privée la Société.

Le 5 juillet 1684, on établit une quotité annuelle de 22 liv. payables en deux fois, à Saint-Michel et à Pâques, quotité qui, dans la suite, devint plus élevée. Cette ressource étant insuffisante, le 19 juin 1704, le collège tint une assemblée (1) où, après avoir exposé que les droits sur les nouveaux agrégés étaient rares, que le nombre des nouveaux agrégés avait beaucoup diminué, il fut « unanimement délibéré et résolu qu'il sera mis à l'advenir dans la bourse commune vingt sols des émoluments et honoraires que recevra chaque médecin agrégé en toutes les consultations qu'ils feront pour les malades, soit que les dites consultations soient faites en la maison des dits malades ou dans celle des médecins, tant entre les médecins du collège qu'avec les étrangers, et même de celles qui seront faites avec les chirurgiens tant à la ville qu'à la campagne. »

Le mode de fonctionnement de ce nouvel impôt et les sanctions pénales qui assurent son recouvrement sont soigneusement réglés « lesquels vingt sols seront mis à l'instant par chacun des dits médecins consultants à celui des médecins qui se trouvera être le plus ancien, lequel sera tenu en les remettant entre les mains du trésorier d'en exiger la quittance par laquelle il sera déclaré quels sont les médecins qui ont fait ladite consultation, le nom du malade pour qui elle a été faite, avec la date du jour de ladite consultation et de la

---

(1) Même registre, p. 224. Assemblée portant qu'il sera pris vingt sols des consultations et mis en bourse commune.

rémission de trois livres provenant d'icelle ou à proportion suivant le nombre des consultants et de tout ce que dessus en sera aussi fait mention par le chargement qu'en fera dans son registre le trésorier du collège, afin que du tout en puisse être fait vérification pour la décharge de tous les particuliers: promettant, tous les médecins délibérant, composant ledit collège, d'exécuter la susdite délibération de point en point, sans y contrevenir directement ni indirectement, au cas que quelqu'un refusât de l'exécuter, et frustrer le corps du dit bien provenant des consultations, le collège consent unanimement et se résout de faire payer au contrevenant de la présente délibération la somme de quinze livres. »

Pour que le prélèvement de cet impôt singulier, qu'avait seulement pu inspirer une profonde détresse, ne fût pas à l'avenir une cause de récriminations, le collège, prévoyant l'admission de nouveaux membres, ajoute : « et afin que ceux qui pourront à l'avenir être reçus en ledit collège, ne se rendent refusant à l'exécution de la présente délibération, il a été résolu, délibéré que lecture en sera faite à tous ceux qui se présenteront pour être admis aux examens auxquels ils ne seront point reçus que préalablement ils n'ayent promis d'exécuter la susdite délibération et ainsi et tout de même que s'ils eussent été présents le jour qu'elle a été passée, donnant en outre tout pouvoir requis et nécessaire aux sieurs syndics d'en requérir toute homologation et en registration, si besoin est. — Collomb, Clapier-Deperny, syndic, Porrade, Peyssonnel, doyen, Giraudon, Augier, Montagnier, Manseau, Gandolphe, Sicard. »

Ce n'est qu'un syndicat ou une société, obligatoires pour les membres d'une même profession, qui pouvaient imposer une pareille mesure, véritable impôt sur le revenu, avec quelque espoir d'en retirer du bénéfice.

Les procès-verbaux de l'ancien collège de médecine qui nous sont parvenus, brusquement interrompus par la peste de 1720, ne nous apprennent pas les résultats de l'impôt sur les honoraires. Continua-t-on longtemps à le percevoir? N'y eut-il pas quelques résistances? Le rendement fut-il ce que l'on attendait? Les délibérations sont muettes. Elles ne nous disent pas non plus si le tarif, édicté en 1702, fut longtemps en vigueur et s'il porta les fruits de pacification que l'on avait espéré.

Le fait seul de l'avoir élaboré, me semble plus intéressant pour nous, parce qu'il montre l'importance que commençaient à prendre à Marseille, les choses de la médecine trop longtemps négligées.

Le XVIII° sièle vit dans notre ville un véritable mouvement d'expansion médicale, malheureusement arrêté par la Révolution. Ce fut l'époque de Daviel, de Raymond, de Bertrand, de François de Baux ; c'est l'époque de la fondation de notre enseignement médical (1). Ce grand mouvement se reflète à son début dans les menus détails de règlementation que nous venons de parcourir, et c'est ce qui m'a paru les rendre dignes d'être rappelés.

(1) Daviel, chirurgien et professeur à l'Hôtel-Dieu de Marseille, par le docteur Arnaud, *Marseille-Médical*, 1889, p. 607.

Marseille. — Typ. et Lith. Barlatier et Barthelet, rue Venture, 19.

www.ingramcontent.com/pod-product-compliance
Lightning Source LLC
Chambersburg PA
CBHW070542050426
42451CB00013B/3132